VINGT-CINQUIÈME ANNÉE AVRIL 1915





# Revue anthropologique

FONDÉE PAR ABEL HOVELACQUE
PUBLIÉE PAR LES PROFESSEURS DE L'ÉCOLE D'ANTHROPOLOGIE DE PARIS

EXTRAIT

COURS DE LINGUISTIQUE

## L'ÉCRITURE, LE LIVRE, LES BIBLIOTHÈQUES

Par M. Julien VINSON

LIBRAIRIE FÉLIX ALCAN
108, BOULEVARD SAINT-GERMAIN, PARIS

La **Revue anthropologique**, organe de l'École d'Anthropologie de Paris, paraît une fois par mois. Chaque livraison contient :

1° Une *leçon* d'un des professeurs de l'École, ou un article original;

2° Des *analyses* et *comptes rendus* d'ouvrages et de revues concernant l'anthropologie;

3° Sous le titre *Notes et Matériaux* sont publiés des documents, tant anciens qu'actuels, intéressant les sciences anthropologiques.

N. B. — *Tout ouvrage anthropologique ou traitant de questions connexes, envoyé en double exemplaire, sera annoncé; il en sera rendu compte s'il y a lieu.*

S'ADRESSER POUR LA RÉDACTION :

**A M. Georges Hervé**, directeur de la *Revue*, rue de l'École-de-Médecine, 15, Paris, 6e.

POUR L'ADMINISTRATION :

**A la Librairie Félix Alcan**, 108, boulevard Saint-Germain, Paris, 6e.

---

PRIX D'ABONNEMENT :

Un an (à partir du 1er janvier) pour tous pays. . . . . . . . 10 fr.

**La livraison : 1 fr.**

**Table décennale, 1891-1900,** 1 vol. in-8.............. **2 fr.**

— — **1901-1910,** — — .............. **2 fr.**

---

*On s'abonne à la* LIBRAIRIE FÉLIX ALCAN, *chez tous les libraires et dans tous les bureaux de poste.*

---

**Les années écoulées se vendent séparément............ 10 fr.**

---

# ÉCOLE D'ANTHROPOLOGIE

15, RUE DE L'ÉCOLE-DE-MÉDECINE

Directeur : **M. Yves Guyot.** — Sous-directeur : **Dr H. Weisgerber.**

*Chaires et Professeurs :*

| | | |
|---|---|---|
| MM. | *Anthony*..... | Anthropologie anatomique. |
| | *Capitan*...... | Anthropologie préhistorique. |
| | *Hervé* ....... | Ethnologie. |
| | *Mahoudeau*.. | Anthropologie zoologique. |
| | *Manouvrier*.. | Anthropologie physiologique. |
| | *De Mortillet*. | Ethnographie comparée. |
| | *Papillault*... | Sociologie. |
| | *Schrader*.... | Géographie anthropologique. |
| | *Zaborowski*.. | Ethnographie. |
| | *Vinson*...... | Linguistique. |

COURS DE LINGUISTIQUE

# L'écriture, le livre, les bibliothèques

Par M. Julien VINSON



L'écriture, c'est-à-dire la représentation figurée, la manifestation graphique de la parole, a pour but, ou plutôt pour résultat, d'exprimer la pensée; elle a pour origine ces dessins de l'âge de pierre, ces statuettes féminines qu'on a prises pour des idoles, ces figures d'animaux peintes à teintes plates sur les parois des cavernes; c'étaient les œuvres d'hommes isolés, qui indiquaient ainsi, dans leurs moments de loisir, leurs rêves, leurs aspirations, leurs souvenirs; on pourrait appeler ces emblèmes une écriture *subjective*, mais la véritable écriture qui a pour objet de communiquer la pensée dans le temps et dans l'espace, l'écriture *objective* a commencé vraisemblablement par ces signes incertains, ces marques mystérieuses qu'on peut observer dans les habitations préhistoriques et sur des rochers, par exemple les empreintes si nombreuses de mains ouvertes qu'on peut voir à l'entrée des grottes cantabriques. A ce système se rattachent les brisées des chasseurs, les entailles des forestiers et les procédés conventionnels par lesquels des agents chargés d'un service d'inspection font connaître leur passage.

Cette écriture primitive se retrouve surtout dans l'Amérique centrale, sous la forme de *quipos*, c'est-à-dire de cordelettes horizontales auxquelles sont suspendus des cordons de couleurs diverses avec des nœuds dont l'espacement varie, ou des bandes de toile avec des ouvertures plus ou moins grandes et plus ou moins distantes les unes des autres.

Ces monuments antiques expriment la pensée dans son ensemble et non seulement une pensée, une proposition, mais un récit complexe. Plus tard, on éprouva le besoin de simplifier le procédé et d'indiquer d'une manière plus précise les faits que l'on voulait commémorer; c'est alors sans doute qu'on sculpta ces carrés ou ces rectangles qui sont autant de petits tableaux où se détaillent l'histoire et la légende.

Plus tard encore, on s'avisa que la parole est formée de propositions, de phrases successives, dont chacune comprend au moins trois éléments distincts que les grammairiens modernes appellent le sujet, le verbe, l'objet ou l'attribut et on trouva plus commode et plus exact de séparer dans l'écriture ces éléments comme ils le sont dans le discours.

C'est alors que se développa l'écriture *idéographique*, formée de mots; le type le plus parfait est l'écriture chinoise dont chaque caractère correspond à un mot. Tout le monde connaît ces caractères plus ou moins compliqués, rangés le plus souvent en colonnes verticales. On sait que le chinois est une langue monosyllabique, et la question s'est posée, sans avoir été définitivement résolue, si les monosyllabes actuelles dont la prononciation a souvent changé au cours des âges, sont des racines primitives ou, par métamorphose régressive, des polysyllabes contractés. Quoi qu'il en soit le nombre en est considérable et il s'augmente encore d'expressions locales, de nuances littéraires, d'inventions savantes; on dit que le nombre total des caractères chinois s'élève à quarante mille mais personne ne les connaît tous, les plus savants en ignorent la moitié et l'on affirme que le sinologue le plus habile qui ait jamais existé, Stanislas Julien, pouvait en lire trente mille; pour l'usage courant un nombre beaucoup moindre, deux ou trois mille, suffit largement. Lorsqu'un lecteur trouve dans un texte des mots qui lui sont inconnus il a recours au dictionnaire; les dictionnaires chinois sont très ingénieusement arrangés : l'ordre alphabétique étant impossible, les caractères sont classés suivant le nombre des traits, des coups de pinceau, dont ils sont composés et qui varient de un à dix-sept; dans chacune des catégories on a pris pour types certains caractères auxquels on rapporte tous les autres et qu'on appelle *clefs*. Il y a 214 clefs et l'on comprend sans peine comment elles servent à faciliter les recherches.

L'écriture chinoise a plusieurs styles, c'est-à-dire plusieurs formes qui se sont succédé historiquement; la première était faite de dessins simples, représentant des objets concrets sous une forme abrégée et quelquefois un peu conventionnelle; ainsi, de même qu'en sémitique général « maison » était un triangle vertical dont la moitié inférieure du côté gauche était relevée à l'intérieur pour figurer une tente ouverte, ce qui est devenu notre B; de même en chinois « homme » était figuré par un petit cercle avec quelques traits, « montagne » par trois pointes dont la seconde était plus élevée que les autres, « eau » par une ligne ondulée représentant l'agitation du liquide, « soleil », par un cercle avec un point au milieu, « lune » par un croissant, etc. Il y avait six espèces de caractères : la première, appelée *images*, était proprement figurative et représentait des objets matériels; la seconde, *combinée*, indiquait d'autres objets par le rapprochement de deux figures : « lumière » par « lune » et « soleil »; « ermite » par « montagne » et « homme »; « épouse » ou « matrone » par « femme », « main » et « balai »; la troisième, *directive* ou *numérique*, comprenait par exemple une barre verticale avec un point dessus, dessous ou de côté pour indiquer la supériorité, l'infériorité, la droite, la gauche, soit une barre horizontale pour « un », deux barres pour « deux » etc...; la quatrième, *renversée*, représentait par exemple la mort par un homme couché; la cinquième exprimait des idées abstraites par des métaphores ou des associations de signes : un cœur pour les idées affectives, une oreille et une porte pour « entendre », trois hommes marchant l'un derrière l'autre pour « suivre »; la sixième espèce de caractères était *phonétique*, soit que les caractères aient perdu leur valeur figurative, soit que tout en la conservant ils aient été pris plutôt pour leur prononciation : c'est là l'origine et le commencement de l'écriture syllabique.

Cette écriture était *idéogrammatique* : la vue de chaque caractère rappelait un objet ou une abstraction dont le nom pouvait varier suivant les régions ou les dialectes, mais peu à peu la prononciation du caractère l'emporta sur la figure : « homme » par exemple devint l'articulation *jin*. Dès lors, la forme des caractères devenant moins importante et moins nécessaire s'altéra de plus en plus, soit en vertu du principe du moindre effort, soit par un sentiment artistique d'élégance et de bon goût. Le système idéographique s'étendit de la Chine aux régions avoisinantes, à la Cochinchine où les caractères furent prononcés en annamite et se modifièrent aussi; au Japon où l'on en déduisit un alphabet syllabique qui fut employé concurremment avec les idéogrammes, et même, pour indiquer la prononciation les Japonais imaginèrent ce qu'on a appelé le *complément phonétique* : c'est comme si en Europe, à côté du dessin d'une maison, on mettait un petit *a* ou un *se* pour indiquer qu'il faut prononcer *casa* en Espagne, ou *house* en Angleterre.

L'écriture chinoise est malcommode parce qu'elle a des mots *homophones*, ou homonymes comme en français : cinq, saint, sain, ceint, sein, seing. On en précise la signification en nuançant la prononciation au moyen de ce qu'on appelle les *tons* : aigu, grave, etc.; il y a quatre tons en chinois et six en annamite. D'autre part la phrase étant formée de monosyllabes de qualités égales, le sens de quelques mots peut être douteux, lorsqu'ils ont plusieurs significations, alors les Chinois mettent deux caractères dont la signification commune précise l'idée, comme si en français nous écrivions : *laie voie* au lieu de route; ce sont ces défauts joints à la complexité des monogrammes qui ont produit l'écriture *syllabique*.

Le système chinois peut être appelé *synthétique* tandis que nos alphabets modernes sont *analytiques*; entre les deux se place l'écriture syllabique, qui est de trois espèces ou qui a eu, si l'on veut, trois phases successives, *syllabique* proprement dite, *consonnantique* et *vocalique*.

Le système syllabique procède directement de la prononciation des anciens idéogrammes. Ceux-ci offraient très souvent une abondance de consonnes ou de voyelles diphtongues qui pouvaient être divisées en répétant la voyelle, ainsi *sintz* peut être remplacé par *si et intz*, *tchao* par *tcha et o*. L'assyrien ne nous est connu que sous cette forme, il écrit le mot « roi » de deux ou trois façons *sar-ru*, *sa-ar-ru*, *sar-ar-u*. Dans ce système les caractères deviennent évidemment très peu nombreux puisque les langues les plus riches en voyelles et en consonnes ne forment qu'un nombre limité de syllabes simples; le français, par exemple, a vingt voyelles réduites à sept en ne distinguant que par un signe accessoire les brèves, les longues et les nasales et seize consonnes : il nous suffirait d'environ deux cents caractères. Ces caractères en assyrien, en égyptien, en japonais sont naturellement d'anciens idéogrammes qui n'ont entre eux rien de commun.

Mais, dans la prononciation, il y avait dans les caractères syllabiques des articulations qui se répétaient et l'on s'aperçut bien vite que la base fondamentale, le squelette, le corps des syllabes était formé par les consonnes, c'est-à-dire par les bruits un peu incertains et qu'ils prenaient leurs qualités sonores des sons francs et précis, c'est-à-dire des voyelles moins nombreuses et plus souvent répétées.

On se dit alors qu'il serait plus simple, plus commode et plus rapide d'écrire seulement les consonnes et les voyelles isolées; par une logique trop absolue on supprima même tout signe de voyelles en inventant les aspirations, faibles et fortes qui en tinrent lieu mais qui figurèrent parmi les consonnes. C'est l'alphabet phénicien dans tout son développement : vingt-deux consonnes dont l'esprit doux, l'esprit rude, le *h* faible et le *h* fort et les semi-voyelles *y*, *w*; ces vingt-deux consonnes sont d'anciens idéogrammes qui ont gardé la prononciation de leur articulation initiale : l'esprit doux est *aleph* « tête de bœuf », *b* est *beth* « maison », *g* est *gimel* « chameau », etc... C'est ce que j'appelle l'écriture syllabique consonnantique.

Le procédé dont il s'agit est abréviatif mais il a l'inconvénient de rendre quelquefois la lecture douteuse, on peut s'en rendre compte par les devinettes que proposent certains journaux et où il faut rétablir les voyelles supprimées; on n'y arrive qu'en regardant la phrase entière et même tout le morceau. C'est pourquoi les Arabes, les Persans, les Turcs, les Hindous ne lisent jamais très vite et paraissent toujours hésiter. Il est d'ailleurs beaucoup plus difficile et très souvent impossible de restituer les voyelles manquantes, ce qui confirme les indications données ci-dessus. Lorsqu'on a eu besoin, notamment pour des raisons d'ordre religieux, comme les juifs en ce qui concerne la Bible, d'établir la lecture exacte des mots, on a eu l'idée de remplacer les voyelles par des petits signes mis au-dessus, au-dessous, ou à côté des consonnes. Il y en a même pour indiquer l'absence des voyelles, le redoublement des consonnes, la suppression ou l'addition d'une aspiration. Les juifs marquent en outre de la même façon l'accent, le ton et le rythme, de sorte que l'œil du lecteur doit parcourir horizontalement trois ou quatre lignes, un peu comme on fait dans la musique. Mais dans l'usage courant ces points-voyelles, ainsi qu'on les nomme, sont le plus souvent omis, et, comme certains alphabets, surtout l'arabe et ses dérivés ont beaucoup de consonnes différant les unes des autres par des points, l'écriture devient souvent tout à fait illisible.

Le système consonnantique est surtout employé par les langues sémitiques ou plutôt syro-arabes et dans les langues égyptolibyques, c'est-à-dire au nord de l'Afrique et à l'ouest de l'Asie. Il s'est étendu d'ailleurs au delà et s'est appliqué aux idiomes indigènes de l'Espagne : l'alphabet dit *ibère* ou *celtibérien, letras desconocidas*, est une adaptation de l'alphabet phénicien importé de Carthage; nous y relevons quelques détails qui nous mettent sur la voie d'un progrès nouveau et nous montrent comment on est arrivé à l'écriture syllabique vocalique. Déjà en hébreu, en arabe, en punique, certaines consonnes véritables ou conventionnelles jouent quelquefois le rôle de voyelles franches : les deux esprits, les deux aspirées et naturellement *w* et *y*. En ibère l'*a*, l'*e* et l'*o* sont quelquefois réunis à la consonne précédente, d'autres fois elles sont remplacées par un petit crochet, une barre, un rond, ajouté à la consonne : le nom de la ville de *Cesse* est écrit de trois façons sur les médailles ibériennes : *Cse*, *Cese* et *Cse* avec un crochet en haut du *C*. En généralisant ce procédé on a développé le système dont l'alphabet sanskrit est le modèle le plus caractéristique : les quatorze voyelles de cette langue dont trois sont des subtilités de grammairiens, sont représentées par des caractères indépendants mais quand elles suivent des consonnes avec lesquelles elles se prononcent, elles sont remplacées par des combinaisons de barres et de courbes placées devant, derrière, sur et sous les consonnes. D'autres signes analogues servent de même pour indiquer les nasales et des consonnes légères comme *r* et *l* intercalées dans les groupes syllabiques; alors, la lecture est toujours absolument certaine.

Les alphabets de ce genre comportent donc un nombre relativement considérable de caractères; ainsi le sanskrit, avec ses quatorze voyelles et ses trente-cinq consonnes, a besoin de 490 lettres différentes, sans parler de quelques lettres accessoires; c'est encore un peu long et compliqué; aussi, quand on a conçu nettement la distinction des voyelles et des consonnes, a-t-il paru plus simple et plus naturel de séparer dans l'écriture ce qui est séparé dans les organes vocaux et d'écrire séparément les voyelles et les consonnes, chacune n'étant représentée que par un seul signe. C'est l'écriture *analytique*.

Elle est principalement représentée par les alphabets grec et latin qui sont eux-mêmes des adaptations du phénicien; seulement le grec a perdu trois lettres qu'il avait primitivement, le *digama*, le *sampi* et le *koppa* qui correspondaient aux *vau*, au *tsade* et au *goph*; il a changé le *samech* (ç) en *x* et a ajouté *u*, *ph*, *ch*, *ps* et *o* long (deux *o*); la huitième lettre, devenue la septième, a été le *h* aspiré avant d'être *e* long. En italique la même confusion a existé, car dans les *graffiti* de Pompéi, *e* se forme avec deux traits verticaux de longueurs égales tandis que pour *f* le second trait est plus court que l'autre.

L'alphabet latin a remplacé *g* par *c* dur, a intercalé *f* et *g* entre *e* et *h*, a déplacé *x* que les Grecs avaient substitué au *samech* et *z*; *y* correspond à l'*u* grec; *i* et *j*, *u* et *v* se sont confondus jusqu'à la fin du XVIIe siècle : dans les livres et les manuscrits antérieurs à cette époque il n'y a jamais de *j* et d'*u* capitales.

Toutes les écritures de l'Europe moderne viennent du grec et du latin, même l'allemand qui est une forme archaïque de ce dernier. Le grec, avec quelques additions, a produit l'alphabet russe qui sert à presque toutes les langues slaves et qui a été longtemps employé en Roumanie; il sert aussi à transcrire les langues originales du Turkestan et de la Sibérie. De même les lettres latines ont été appliquées à la plupart des idiomes de l'Afrique Equatoriale et méridionale, de l'Océanie et de l'Amérique, tandis que l'arabe, pour des raisons religieuses, sert à écrire le turc, le persan, l'hindoustani, le malais, le malgache et les langues du nord de l'Afrique; les Juifs ont habillé le français, l'allemand et l'espagnol de caractères hébraïques. En Europe, chaque peuple a modifié l'écriture latine à son usage exclusif: les Français ont écrit *ou* et *eu*, là où les Allemands mettent *u* et *ö* remplacé en scandinave par un *o* barré; comme exemple des ces particularités spéciales, je rappellerai que la soufflante palatale forte est transcrite *ch* en français, *sh* en anglais, *sch* en allemand, *sk* en scandinave, *sz* en polonais, *s* en magyar, *sci* en italien et *x* en vieil espagnol et en portugais : *cf.* la Chimène de Corneille, de l'espagnol Ximena, qu'on écrit et qu'on prononce aujourd'hui avec la *jota*. Je dois rappeler à ce propos que, de toutes les langues néo-latines, c'est le français qui a le mieux conservé l'orthographe traditionnelle et étymologique; aussi les réformateurs s'en sont-ils donné à cœur joie pour proposer des simplifications plus ou moins fantaisistes qui aboutissent, ainsi qu'on l'a dit ironiquement, à l'orthographe des cuisinières. Il en est de cette réforme comme de la langue universelle qui ne saurait être faite de toutes pièces ni imposée par personne, mais qui sera le résultat d'un travail spontané; la véritable réforme sera l'adoption de l'alphabet phonétique qui, entre autres choses, rendra familier le *w*, supprimera le *q* et l'*x*, remplacera *ch* par *s* sous-ponctué et *j* par *z* également sous-ponctué *c* et *j* devant servir pour *tch* et *dj*; on écrira conformément à la prononciation : *oiseau* par exemple deviendra *wazô*.

Une question extrêmement intéressante est celle du sens de l'écriture. Les dessins et les peintures préhistoriques ne nous donnent pas d'indications précises à cet égard, car les figures des animaux y sont tournées dans tous les sens. Mais toutes les anciennes écritures se tracent de droite à gauche et les Chinois qui rangent leurs caractères en colonnes verticales font aller ces colonnes de droite à gauche. Les langues sémitiques ont conservé cette habitude jusqu'à nos jours, excepté l'assyrien qui s'est écrit de bonne heure de gauche à droite. Les alphabets dérivés du phénicien et écrits d'abord de droite à gauche, le sanskrit, le grec, le latin se sont retournés à une époque postérieure. On a même trouvé des inscriptions où les lignes successives s'écrivent alternativement dans les deux sens, ce qu'on a appelé *boustrophédon*, « marche des bœufs au labour ». Je crois, pour ma part, qu'il ne faut point y voir une transition mais un caprice d'écrivain ou une fantaisie de graveur. Le changement a dû se faire tout d'un coup, quelle peut en être la cause? l'homme primitif était sans doute ambidextre, mais peut-être à cause de la respiration et du mouvement du cœur, la main droite est-elle devenue plus active que la gauche et a-t-elle réservé pour des actions plus énergiques, le maniement des armes et des outils, etc. C'est avec la main gauche qu'on aura commencé à écrire et naturellement de droite à gauche, plus tard la main droite continuant à l'emporter s'est emparée de l'écriture et en a changé le sens. Il n'est pas inutile de rappeler ici que les Indiens du sud classent leurs castes en deux grandes catégories, celles de la main droite qui comprennent les castes actives, agriculteurs, forgerons, orfèvres, etc... et celles de la main gauche qui contiennent les castes sédentaires, marchands, écrivains, etc... Tous ceux qui ont étudié le développement de l'intelligence et de la formation du langage chez les enfants ont observé des cas assez nombreux d'atavisme ou, si l'on veut, de métamorphose régressive. Mon fils a appris à lire de très bonne heure; à deux ans et demi il savait toutes ses lettres et il aimait à les reconnaître dans les livres, sur les enseignes et les affiches des rues, mais il commençait toujours par la dernière lettre à droite de chaque mot. Lorsque il se mit à dessiner, avec un crayon, il voulut aussi reproduire quelques lettres; il les traçait toujours à l'envers, les q et les g par exemple regardant à gauche; lorsqu'il eut appris à écrire normalement avec la plume tenue de la main droite il continuait à dessiner, au crayon, de la main gauche et le plus souvent de droite à gauche. On m'a cité dernièrement le cas d'un petit garçon de cinq ans qui assemblait déjà les syllabes et qui, voyant à la dernière page d'un journal le mot *avis* imprimé en gros caractères, le lut *siva*, invoquant ainsi inconsciemment le redoutable dieu rénovateur du Panthéon bramanique.

Comment écrivait-on, avec quoi et sur quoi? en ce qui concerne les inscriptions proprement dites, elles ont toujours été gravées au ciseau, quelquefois peintes sur les rochers et les murailles. Les dessins des âges de pierre, sur des lamelles de corne ou d'ivoire, étaient tracées évidemment avec une pointe de silex et les figures d'animaux des cavernes devaient être brossées avec un morceau de peau de bête encore garni de ses poils, plongé dans une solution de matière colorante, généralement de l'ocre jaune. Les Chinois qui ont écrit de bonne heure se servaient de pinceaux formés de poils plutôt durs, maintenus dans des petits roseaux creux, et trempés dans du noir de fumée liquéfié. Dans beaucoup d'autres pays on se servit aussi de roseaux, en latin *calamus* dont l'arabe a fait *qalam*, et d'une encre véritable : l'encre a été faite pendant bien longtemps avec une infusion à froid de noix de galle à laquelle on ajoutait un peu de gomme arabique et de la couperose ou sulfate de fer, ce qui produisait deux sels noirs qui coloraient le liquide. Quant au roseau on le taillait en pointe pour le rendre plus souple et même, pour en faciliter l'usage, on fendait la pointe en deux. En Occident on substitua de bonne heure aux roseaux les plumes de certains oiseaux, d'oie notamment; il fallait un véritable talent pour bien tailler une plume, la coucher sur l'intérieur du médius de la main gauche, y faire avec le canif tenu de la main droite deux entailles successives, paraboliques, dont la dernière se terminait en pointe, puis d'un coup de canif rapide diviser cette pointe en deux parties rigoureusement égales. C'est sous le règne de Louis-

Philippe qu'on a commencé à se servir de plumes métalliques.

Le fer d'ailleurs était employé depuis longtemps pour l'écriture : parmi les peintures de Pompéi on remarque le portrait d'un boulanger et de sa femme, qui par parenthèse offrent des types encore ordinaires dans le pays; la boulangère tient dans sa main droite un stylet, ce qui fait supposer que dans l'antiquité comme aujourd'hui c'étaient les femmes qui, dans le petit commerce, tenaient les comptes et faisaient les notes. Le stylet de fer est encore aujourd'hui d'un usage commun dans l'Inde, où cependant le papier, l'encre et la plume se répandent de plus en plus. C'est avec le stylet appelé dans le pays tamoul *éjuttâni*, « clou à lettres », qu'on grave les caractères sur des feuilles de palmier, qu'on enduit ensuite d'une matière colorante qui pénètre dans les creux formés par les lettres. Les stylets, longs de dix à vingt centimètres, sont pointus à l'une de leurs extrémités; l'autre est disposée en forme de lame tranchante pour couper les feuilles, ou élargie en forme d'une petite masse ronde dont le poids facilite le travail de l'écrivain. Celui-ci prend la feuille blanche de la main gauche, l'appuie sur le côté du médius et la maintient entre l'index appuyé contre le bord supérieur et le pouce posé à plat sur la partie inférieure. La main droite prend alors le stylet, l'appuie sur la phalange moyenne du petit doigt, enferme la tige dans les trois doigts suivants et la presse fortement avec le pouce vers les deux tiers de sa hauteur; souvent la pointe passe dans une petite coche faite à l'ongle du pouce gauche; c'est ainsi que les Indiens écrivent sans table, sans bureau, debout ou accroupis.

Les Romains tenaient le stylet comme nos graveurs leur burin, avec les trois premiers doigts de la main droite. Ils s'en servaient pour écrire sur des *tablettes*, petites planchettes évidées où l'on coulait une mince couche de cire. On peut en voir dans la salle d'exposition des manuscrits de la Bibliothèque Nationale : elles proviennent de Pompéi; la cire a en partie été fondue et brûlée et il en reste des plaques minces toutes noires où l'écriture très difficile à lire apparaît comme une ligne blanche. Tous les Romains qui se respectaient devaient avoir sur eux dans les plis de leur toge un stylet et une tablette et l'on se représente volontiers le bon Horace se promenant suivant son habitude sur la voie sacrée, pensant à je ne sais quelle baliverne et s'arrêtant pour écrire un mot qui lui inspirait ensuite une ode sublime ou une satyre ingénieuse. La boulangère de Pompéi devait tenir ses comptes sur des tablettes de ce genre et chacun de ses clients devait avoir chez elle la sienne, comme les marchands de vin à Paris gardent les ardoises des cochers de la station voisine. Il n'y a pas encore un demi-siècle qu'on appelait en France tablette les carnets, calepins, et porte-feuilles de poche. Je me reprocherais de ne pas mentionner ici les lamelles de plomb qu'on jetait dans les tombeaux et où étaient gravées des obsécrations contre les violateurs de sépultures, ni celles qu'on distribuait sans doute sur les champs de course et où les chevaux pour lesquels on ne pariait pas étaient voués aux accidents et aux pires mésaventures.

J'ai déjà parlé de *graffiti :* on en a trouvé un grand nombre à Pompéi, des alphabets et des vers de Virgile griffonnés par des écoliers, des réflexions philosophiques comme on en trouve dans notre Rabelais : *felix cacans*, de ces formules populaires constituées par des mots de grands écrivains, comme le vers de Catulle : *Candida me docuit nigras odisse puellas*; ou des « pont neuf » comme celui où un amant jaloux exprime le vœu que son rival soit dévoré par l'ours de la montagne. L'auteur devait être un de ces poètes crottés dont parle Martial :

> Nigri fornicis ebrium poetam
> Qui carbone rudi putrique creta
> Scripsit carmina que legunt cacantes.

Les Assyriens écrivaient leurs cunéiformes sur des briques et ils nous ont laissé ainsi un grand nombre de documents d'ordre public et d'intérêt privé.

Les Chinois connaissaient aussi les planchettes, mais de bonne heure ils firent du papier de soie ou de riz. Les premières *Sourates* du *Qoran* ont été recueillies sur des peaux d'animaux, sur des morceaux d'étoffe et sur des omoplates de chameaux. Plus tard les Arabes ont employé le parchemin. Les Tibétains ont des manuscrits formés de longues bandes de cuir et les Indiens avaient une sorte de papier également en bandes rectangulaires; ces bandes imitaient les feuilles de palmier qui étaient d'usage général; il y en avait de plusieurs espèces mais la plus employée était la feuille de cocotier, plus longue et plus étroite, dont on enlevait la nervure médiane et dont on coupait les bouts pour la rendre régulière. On y perçait deux trous à environ cinq centimètres de chacune des extrémités. Le copiste écrivait dans le sens de la longueur, laissant à gauche une marge pour le numérotage des feuillets et pour les titres des chapitres, ou le premier mot de chaque strophe. Il ménageait un carré blanc autour des deux trous; quand le feuillet était rempli, il le retournait de haut en bas pour recommencer de l'autre côté. A la fin de l'ouvrage il mettait son nom, la date de l'achèvement du travail et quelque formule pieuse de bénédiction et de bon augure; puis il collationnait sa copie et rédigeait la table. Restait alors à relier le volume, si j'ose m'exprimer ainsi. Pour ce faire, on enfermait le manuscrit entre deux ais de bois dur taillés exactement à la mesure des feuillets et percés comme eux de deux trous. Dans le trou de droite on passait une baguette en bois ou en fer, un peu longue, avec une grosse tête où s'attachait un cordon qui passait par le trou de gauche et qui s'appuyant sur les deux bouts de la baguette permettait de maintenir le livre fermé. Ces feuilles étaient très fragiles et exposées à mille causes de destruction; aussi ces manuscrits durent-ils rarement plus de trois cents ans. Les spécimens les plus anciens qu'on en possède sont deux feuillets qui datent du XIIe siècle et qu'on a retrouvés au Japon; ils contiennent des prières bouddhiques en sanskrit. Pour les documents officiels qu'on voulait garder indéfiniment, on usait de plaques de bronze reliées entre elles par un anneau, sur la soudure duquel était appliqué le sceau royal; on se servait encore de plaques de bronze au XVIIIe siècle, mais elles étaient écrites en large et non plus en long.

Les Grecs et les Romains employaient le parchemin (pergaminum, parce que le meilleur venait de Pergam) et ils empruntèrent aux Egyptiens le papyrus qui a donné son nom à notre papier et qui était une écorce végétale unie et souple. On roulait les uns et les autres soit sur eux-mêmes, soit sur des manches de bois d'où le nom de volume, *volumen*. Les manuscrits sur papyrus étaient plutôt désignés sous l'appellation de livre, *liber*, « écorce », et comme ils étaient plus petits, chaque ouvrage pouvait se diviser en plusieurs livres. Les rouleaux n'étaient pas conservés comme chez nous sur des rayons; on les plaçait debout avec des étiquettes dans des boîtes cylindriques qu'on appelait *capsa*, les manuscrits sur papyrus étant moins chers devaient être plus communs. Les libraires de Rome qui entretenaient des ateliers de copistes en avaient sans doute un grand nombre dans leurs boutiques où se réunissaient peut-être, comme chez nous, les érudits et les savants, pour s'entretenir des publications nouvelles et des événements du jour. Les anciens nous ont laissé beaucoup de manuscrits, surtout sur parchemin, mais un grand nombre se sont perdus; on ne désespère pas d'en retrouver quelques-uns soit dans des collections non encore cataloguées, en Espagne, par exemple, soit dans la riche et grande ville d'Herculanum ; à Pompéi qui a été tout entière ensevelie sous la cendre on n'a rien trouvé; mais Herculanum a été détruite par la lave et la lave qui brûle tout ne se répand pas uniformément et bien des maisons ont dû être épargnées; le gouvernement italien se propose de faire procéder aussitôt que possible au déblaiement de la vieille cité campanienne. Déjà lors des premières fouilles, vers le milieu du XVIIIe siècle, on a trouvé dans une maison trois mille rouleaux de papyrus calcinés; des amateurs patients et zélés ont entrepris d'en déchiffrer quelques-uns; dans ce but ils collaient le commencement du rouleau sur des rubans et très lentement, petit à petit, arrivaient à dérouler les feuilles carbonisées.

Malheureusement les quelques ouvrages qui ont été ainsi lus, entre autres un traité musical, sont fort peu importants. Nous pouvons espérer néanmoins retrouver d'autres collections intactes et par là obtenir le complément des œuvres des grands écrivains comme Ennius, Tite-Live et Cicéron. Les *Annales* d'Ennius nous fixeront sur la valeur de ce poète dont Virgile, en bon courtisan qu'il était, n'aimait pas le républicanisme; il est cependant certain qu'il l'a beaucoup imité, ayant extrait, disait-il, des « perles du fumier de ce vieux poète ». Quant à Cicéron, nous attendons surtout sa *République* qu'on appelait encore au IVe siècle son chef-d'œuvre et dont un érudit du Ve siècle, Macrobe, nous avait conservé la fin sous le titre de : Le songe de Scipion.

Depuis 1823 une bonne fortune nous a rendu, quoique très incomplètement, un tiers environ de ce bel ouvrage. Le cardinal Mai, un des plus savants prélats de Rome, s'aperçut un jour qu'un manuscrit de saint Augustin, lui même incomplet, était un *palimpseste*; on appelle ainsi des manuscrits sur parchemin qui ont été grattés ou lavés pour recevoir une écriture nouvelle. Le parchemin était en effet rare et assez cher; dans le cours du moyen âge les moines ne se faisaient pas faute de recourir à ce procédé; il leur arrivait même de couper les feuillets en petits morceaux pour y inscrire des prières ou des formules pieuses qu'ils vendaient aux gens du pays; les savants modernes, grâce à des réactifs chimiques et en s'aidant des traits oubliés par le grattoir, ont pu faire reparaître en grande partie l'ancienne écriture. On a découvert de la sorte des textes précieux et des variantes intéressantes; le palimpseste du cardinal Mai était formé de feuillets pris à une magnifique copie, en grosses lettres de la *République*, aux trois premiers livres surtout.

D'autres circonstances particulières ont amené des découvertes analogues. En Egypte, dans les Pyramides et dans ce que j'appellerais un peu irrévérencieusement l'emballage des momies, on a rencontré des fragments de livres antiques, des vers d'Homère. Autour d'une momie qui est aujourd'hui à Agram (Zagreb), était une large bande d'étoffe avec un long texte étrusque, le plus important que l'on connaisse jusqu'à présent. Tout récemment on a trouvé des morceaux de Ménandre, entre autre une comédie presque entière, la *Samienne*; on n'avait jusqu'ici de ce célèbre comique grec, imité par Térence, que des vers isolés : la découverte nouvelle paraît plutôt fâcheuse pour la grande réputation de ce poète, mais il restera toujours immortel par ce seul vers : « Je suis homme, et rien de ce qui intéresse l'homme ne saurait m'être étranger »

Les parchemins n'étaient pas toujours roulés en *volumes*; ils étaient aussi taillés en feuilles rectangulaires qu'on pliait par le milieu et qu'on assemblait en cahiers comme nos livres modernes. C'était plus commode et on pouvait en faire de tous les formats : Martial parle d'un tout petit Virgile orné du portrait de l'auteur,

Quam brevis imminsum cepit membrana Maronem!
Ipsius vultus prima tabella gerit.

Ces deux vers que j'ai mis pour épigraphe au Virgile de Pickering, en deux volumes, le plus petit Virgile imprimé connu, nous apprennent qu'on donnait le nom de *tabella* à chacun des feuillets. Le goût des livres minuscules s'est continué jusqu'à nos jours : le plus petit qui existe a été publié en 1900 par MM. Hoepli frères, de Milan; entièrement composé en caractères mobiles, il mesure 15 mm. de hauteur sur 11,5 de large et 5,5 d'épaisseur. Le plus grand volume qui ait été imprimé et pour lequel il avait fallu coller l'une au-dessus de l'autre plusieurs feuilles de papier, avait, paraît-il, une toise de haut, soit un peu moins de deux mètres.

Les calligraphes se sont plu de tous temps à ces jeux : on cite un écrivain grec qui fit entrer toute l'*Iliade* dans une coquille de noix ; un autre écrivit un certain poème assez long sur un grain de blé ; pendant les premières années de la restauration on vendait couramment en France les portraits de la « famille royale » dessinés sur un morceau de carton de la dimension d'une pièce de cinq francs, au dos duquel une main patiente avait copié le testament de Louis XVI, qui forme ordinairement quatre pages petit in-4°; c'est qu'à cette époque la calligraphie était à la fois un art et une profession; son importance avait grandi pendant le moyen âge depuis que la décadence de la civilisation romaine avait rendu l'ignorance générale. Dans beaucoup de pays, dans les provinces basques de l'Espagne par exemple, les corps élus étaient assistés d'un secrétaire, écrivain assermenté qui faisait la correspondance administrative et dressait les procès-verbaux sans prendre aucunement part aux délibérations. Il n'y a pas bien longtemps encore qu'il existait dans nos grandes villes des écrivains publics fort achalandés. On en trouve communément en Orient et l'on raconte en Perse l'anecdote assez plaisante d'un de ces écrivains qui refusa un jour de remplir la tâche qu'on lui confiait, sous prétexte qu'il avait mal aux pieds; comme son client de passage s'étonnait, il lui expliqua qu'il écrivait très mal, que lui seul pouvait déchiffrer son écriture et qu'on l'envoyait toujours chercher pour lire ce qu'il avait écrit.

Le latin a continué pendant longtemps à être en Europe la langue écrite et c'est seulement à partir du XIIe siècle que l'idiome vulgaire commence à devenir d'usage courant, sans parler du serment de Louis le Germanique et de la chanson de Sainte-Eulalie. Dans le midi de la France, les dialectes du provençal ont précédé le français : les registres municipaux de Bayonne, en latin d'abord, puis en gascon, n'ont été rédigés en français qu'après la guerre de cent ans. Les manuscrits du moyen âge forment trois catégories : les ouvrages littéraires, les registres des églises et des communes et les actes publics ou privés. Pour les premiers et les derniers on se servait encore du parchemin, du vélin (peau de veau) et quelquefois du papyrus, mais pour les seconds et aussi pour les troisièmes, on employa le papier, dès que l'usage en fut généralisé : on le fit d'abord en coton, et probablement la fabrication en fut apportée par les Arabes, car en Perse et surtout dans l'Inde, outre le papier de riz on en faisait en coton ; on le colorait en rose ou en vert clair avec des encadrements et des fleurons rouges ou dorés. Depuis le XVIIIe siècle, on fait dans la province de Madras un papier très commun, rugueux, cassant, épais, où il entre de la paille de riz et de la bouse de vache qui lui donne une teinte jaune ou chamois foncé ; il est appelé *chany*.

Mais en Europe le papier de coton fut trouvé peu résistant ; on en fit avec des chiffons de toile qui donnèrent de meilleurs résultats ; pendant de longs siècles le papier fut fabriqué à bras, dans des cuves où la pâte était étendue sur des châssis rectangulaires dont les traverses laissaient sur des feuilles leur marque en longues lignes appelées *pontuseaux*, ce qui permettait de retrouver la dimension première de la feuille. Les papiers en effet avaient des dimensions fixes ; il y avait entre autre *le Grand Aigle* (0 m. 98 sur 0 m. 67), *le Super-Royal* (0 m. 76 sur 0 m. 52), *le Carré simple* (0 m. 54 sur 0 m. 42), *le Coquille ordinaire* (0 m. 54 sur 0 m. 42), *l'Écu simple* (0 m. 51 sur 0 m. 38), *le Pot* (0 m. 39 sur 0 m. 31), etc.

On sait que les formats des livres imprimés étaient déterminés par le pliage de chaque feuille : pour l'in-folio elle était pliée par le milieu, ce qui donnait quatre pages ; l'in-4° avait quatre plis et huit pages et ainsi de suite. Il y eut aussi des formats mixtes dans lesquels les feuilles étaient coupées en parties inégales, imprimées séparément, l'in-12 de 24 pages et l'in-18 de 36 ; mais aujourd'hui les formats ne correspondent plus à ces habitudes, car le papier est fait à la mécanique et ses dimensions sont extrêmement variables. On en fait même avec du bois tendre.

L'écriture des manuscrits fut aussi la même que chez les Romains, mais elle se modifia considérablement dans le cours des âges. Son histoire se divise en deux périodes principales, avant et après le XIIIe siècle ; dans la première elle fut successivement *capitale*, *unciale* (la onzième partie du pied romain) ou capitale arrondie, *minuscule* et *cursive*. La seconde commence au gothique, appellation aussi improprement appliquée qu'à l'architecture. On trouve ensuite l'écriture diplomatique de plus en plus allongée, prolongée même par des traits et des courbes qui la rendent presque indéchiffrable. A partir du XVIe siècle elle se simplifie, s'incline de plus en plus vers la droite et forme la *bâtarde*, la *coulée*, l'*anglaise*. D'une sorte de réaction naquit la *ronde* pour laquelle on coupe obliquement de gauche à droite le bec de la plume. Les Arabes qui écrivent de droite à gauche taillent leur *qalam* en sens inverse.

Les documents de peu d'étendue étaient composés de morceaux de papier ou de parchemin qu'on nommait *carta*, *charta*, d'où le mot « charte ». Les manuscrits formés de plusieurs cahiers réunis ont reçu le nom de *codex*. Sur les chartes ou les diplômes (pliés en deux) les grands seigneurs, les contractants, les secrétaires apposaient leur signature quand ils savaient écrire et l'empreinte de leur sceau en cire, souvent séparé et rattaché à l'acte original par un ruban ou un cordon de couleur.

L'encre était généralement noire mais on employait aussi des encres d'or, d'argent, rouge, verte et même bleue; ces dernières servaient surtout pour les initiales, les ornements, les enluminures. Il y a cependant des manuscrits entiers en couleur; le manuscrit le plus ancien des langues germaniques, la bible de l'évêque Wulphila, est un codex en lettres d'argent conservé à la Bibliothèque d'Upsal. On avait souvent l'habitude d'encadrer d'un ou de deux traits rouges les pages des manuscrits dont les lignes étaient aussi séparées les unes des autres de la même façon.

Ces habitudes se conservèrent dans les premiers livres imprimés et même, plus d'un siècle après, les bibliophiles faisaient *régler* en rouge les volumes importants qu'ils acquerraient. On sait comment l'imprimerie fut inventée; les Chinois employaient depuis longtemps des planchettes de bois tendre où les caractères gravés à l'envers étaient enduits d'encre et appliqués sur du papier, ce qui permettait la multiplicité des copies. *La xylographie*, ainsi désignait-on le procédé, était connue en Europe, sans doute depuis les croisades, et Gutemberg ne fit que perfectionner le système en substituant aux planches de bois fragiles et peu durables des planches métalliques; son associé P. Schœffer imagina de séparer les caractères et l'on a pu dire avec raison que ce sont les caractères mobiles qui ont donné la vie à l'art typographique. Les caractères d'imprimerie sont en plomb mêlé d'antimoine qui les rend plus solides sans rien leur ôter de leur fusibilité. Ce sont de petits parallélipipèdes : la lettre qu'on nomme *l'œil* est gravée au sommet, la hauteur du rectangle de base donne la dimension en points typographiques c'est-à-dire en tiers de millimètre. Il y a des caractères de cinq points dits *Parisienne*, de six *Non-pareille*, de huit *Gaillarde*, de neuf *Petit-Romain*; de onze *Cicéro*; de douze *Saint-Augustin*, etc., et enfin de soixante-douze *Triple Canon*; ces noms sont aujourd'hui tombés en désuétude. Les gros caractères qui ne servent que pour les affiches sont en bois dur.

Les pages composées en caractères mobiles sont réunies dans des *formes* dont il faut deux pour chaque feuille et elles y sont arrangées de façon à pouvoir se suivre quand la feuille est pliée; c'est ce qu'on appelle l'*imposition*. Les formes sont portées à la presse; elles y étaient encrées d'abord avec des tampons puis avec des rouleaux. Les premières presses se manœuvraient à bras, puis à la mécanique. On leur appliqua plus tard la vapeur, on inventa plus récemment les presses à retiration, à réaction et les machines rotatives.

Grâce au clichage, qui est en somme un retour aux procédés primitifs, mais qui permet de multiplier les formes, on peut tirer aujourd'hui en une heure des milliers d'exemplaires d'un ouvrage ou d'un journal, alors qu'au XVIe siècle on ne pouvait en faire que vingt-cinq ou trente. L'imprimerie est aujourd'hui une industrie, une entreprise commerciale; les premiers imprimeurs étaient de véritables savants et il convient de citer au moins, les noms des Alde de Venise, des Plantin d'Anvers, des Estienne de Paris et des Elzévir de Leyde.

De tout temps, les livres auxquels on tenait étaient l'objet de soins particuliers; on les conservait dans des étuis, des boîtes, des coffres, des armoires, ils étaient le plus souvent recouverts d'une feuille blanche. Jusqu'au XVIIIe siècle la plupart des livres mis dans le commerce étaient rognés et couverts de parchemin; ce parchemin était quelquefois collé sur des morceaux de carton; c'est le point de départ de la reliure moderne. Mais au moyen âge les manuscrits précieux étaient reliés en bois, en carton ou en cuir avec des fermoirs, et on y appliquait des ornements d'or ou d'argent et des plaques d'ivoire artistiquement sculptées; des pierres précieuses y étaient enchâssées, on peut en voir de nombreux spécimens à l'exposition permanente de la Bibliothèque Nationale.

Au XVIIIe siècle, les livres étaient ordinairement reliés en cuir commun et les tranches rognées étaient peintes en rouge. Aujourd'hui les livres sortant de l'imprimerie sont brochés, sauf en Angleterre où on les recouvre de carton revêtu de toile noire, bleue ou rouge. Le brochage consiste à coller sur le dos des feuilles cousues ensemble et non coupées, une couverture ordinairement jaune où est reproduit le titre de l'ouvrage. Il ne faut pas faire relier un livre avant que six mois se soient écoulés depuis l'impression, pour que l'encre soit bien sèche. Le relieur, en effet, a coutume de battre le volume avec un marteau pour lui donner plus de consistance et effacer les plis, le dos reste un peu plus large ce qui facilite l'emboîtement dans la reliure. Le volume est alors rogné à la mécanique et lorsqu'on veut conserver le souvenir de ses dimensions primitives, on plie le coin de quelques feuillets : ils échappent ainsi au ciseau et deviennent ce qu'on appelle un *témoin*.

Les coutures dorsales sont maintenues par des cordons qui s'attachent aux cartons des *plats* et qui constituent les *nervures*. Les cartons, un peu plus grands que le volume pour le mieux protéger, sont recouverts de parchemin, de vélin, de peau de truie, et d'autres peaux animales teintes en couleurs : maroquin (peau de chèvre), veau, chagrin (peau de mulet ou d'âne), basane (peau de mouton). Les tranches sont dorées ou peintes : on a pratiqué naguère l'*antiquage* : en courbant les feuillets, on y mettait de la couleur ou on y faisait de véritables dessins puis en recourbant en sens inverse on faisait un autre travail de même nature. Les reliures sont jansénistes, c'est-à-dire absolument nues, ou décorées de filets, de fleurons, d'écussons, de dentelles au petit fer, etc. Il y a des demi-reliures dans lesquelles le dos et la partie adjacente des plats sont seules recouvertes de peaux.

Les bibliophiles aiment à faire faire des demi-reliures avec coins en ne rognant que la tête des feuillets, que l'on dore : la dorure n'est pas un ornement d'élégance, mais elle empêche les piqûres de vers; aussi, quand un livre doré sur tranches a des trous de vers on peut être sûr qu'ils ont été faits avant la reliure. J'ai pu faire sur un exemplaire d'un livre très rare une constatation intéressante; il s'agissait du Nouveau Testament basque, imprimé en 1571 à la Rochelle par les soins de Jeanne d'Albret. La bibliothèque de l'Arsenal en possède un exemplaire, où j'avais remarqué des piqûres isolées, ce qui m'avait fait penser que le volume avait été formé, comme cela s'est fait souvent, avec les meilleurs feuillets de plusieurs autres. Mais en y regardant de plus près je m'aperçus que ces piqûres se correspondaient exactement de huit en huit feuillets et je pus même en déterminer le commencement et la fin. La conclusion s'imposait : l'insecte avait fait son œuvre sur un exemplaire en feuilles non pliées, posées à plat les unes sur les autres dans un grenier ou au fond du magasin.

Les grands relieurs signent, c'est-à-dire mettent leur nom sur les livres sortis de leurs mains; parmi les plus célèbres il faut nommer Bauzonnet, Bozérian, Derôme, Duru, Le Gascon, Simier, Capé, etc... Les bibliophiles collent au verso des couvertures leurs *ex-libris* : il en est de fort intéressants, comme celui de Prosper Marchand qui représente l'action charitable du bon samaritain. Les plus belles reliures sont en mosaïque, c'est-à-dire de petites pièces de cuir de couleurs variées; la bibliothèque qui en compte le plus grand nombre est celle de feu M. J.-E. de Rothschild; cette bibliothèque et celle du duc d'Aumale à Chantilly sont les deux bibliothèques particulières les plus importantes qui aient jamais été formées. De toutes les bibliothèques publiques la plus considérable est notre Bibliothèque Nationale avec ses quatre *départements* : imprimés, manuscrits, estampes, monnaies et médailles.

La plus belle bibliothèque de l'antiquité fut celle du Sérapéum à Alexandrie; fondée par les Ptolémées, elle comptait plus de trois cent mille volumes et fut stupidement détruite par les chrétiens aux premiers siècles de notre ère. Outre les achats et les dons elle s'enrichissait par un procédé très ingénieux : les voyageurs qui arrivaient en Égypte étaient tenus de remettre aux employés de la douane tous les manuscrits dont ils étaient porteurs, on les envoyait à Alexandrie ; si la bibliothèque possédait déjà l'ouvrage on se bornait à prendre note des variantes et on rendait le livre à son propriétaire, mais si on ne l'avait pas, on gardait l'original et on ne rendait qu'une copie aussi fidèle que possible.

. . .

Dans cette rapide esquisse de l'histoire de l'écriture, nous nous sommes occupés tout d'abord des dessins et des peintures préhistoriques et nous avons terminé par le livre moderne, par le journal, qui, tiré à des millions d'exemplaires, va répandre tous les jours d'un bout à l'autre du monde la bonne nouvelle et quelquefois la mauvaise. A ce propos, la pensée se reporte instinctivement au mot de Claude Frollo à Louis XI lorsqu'il lui montre Notre-Dame d'une main et de l'autre un livre imprimé : « ceci tuera cela ». Victor Hugo a-t-il voulu dire que le livre était l'ennemi de l'Église, que la lecture amènerait la destruction des édifices religieux ? Non, sans doute ; notre grand poète a pris le livre comme l'instrument du progrès rénovateur, alors que l'Église représente la tradition conservatrice; or le progrès est l'ennemi naturel de la tradition parce qu'il interrompt les routines, qu'il efface les préjugés et qu'il supprime les superstitions. Mais, matériellement, les hommes de science et de progrès ne détruisent rien : ce n'est pas nous qui incendions les bibliothèques et les musées, qui bombardons les hôpitaux et les églises, qui assassinons les vieillards et les enfants, qui violons les femmes et les jeunes filles. Ces crimes ont toujours été la conséquence de l'esprit militaire associé au mysticisme ou fanatisme religieux. Nous, nous respectons ce qui est la vie quotidienne de l'homme, nous conservons ce qui fait l'histoire de l'humanité. C'est pourquoi nous respecterons ces pauvres églises de campagne entourées de cimetières fleuris où tant de générations sont venues pleurer leurs morts. Nous conserverons ces vieilles cathédrales où tant de coupables sont venus confesser leurs fautes, où tant d'âmes souffrantes sont venues chercher la consolation dans l'espoir d'une vie future plus heureuse, où tant d'esprits inquiets sont venus demander le repos et l'oubli à la paix silencieuse des voûtes profondes, à la majesté des cérémonies et des fêtes. Non seulement nous les conserverons mais nous les entretiendrons, nous les réparerons, nous les achèverons, nous les dégagerons des constructions parasites qui trop souvent les enlaidissent et les enserrent; et tandis que le soleil les éclairera de toute sa lumière, tandis qu'elles resteront debout toujours ouvertes à la piété des fidèles, tandis qu'elles dresseront vers le ciel leurs clochers audacieux comme pour attester les aspirations éternelles de l'âme humaine vers l'idéal, la société moderne régénérée par la science, émancipée par le travail, poursuivra son évolution progressive dans la sérénité de la justice et la splendeur de la vérité.

LIBRAIRIE FÉLIX ALCAN

*PUBLICATIONS SUR LA GUERRE*

*Viennent de paraître :*

# POURQUOI LES GERMAINS SERONT VAINCUS

Par **J.-L. DE LANESSAN**
Ancien Ministre.

1 vol. in-8 . . . . . . . . . . . . . . . . . . . . . . . . . . . . . . . . 1 fr. 25

# PROBLÈMES DE POLITIQUE ET FINANCES DE GUERRE

Par MM. **G. JÈZE, J. BARTHÉLEMY, C. RIST**
Professeurs à la Faculté de Droit de l'Université de Paris.

et **L. ROLLAND**
Professeur à la Faculté de Droit de l'Université de Nancy.

Le plan financier de l'Angleterre. — Les victimes des faits de guerre et la réparation des dommages. — Du renforcement du pouvoir exécutif en temps de guerre. — Le contrôle parlementaire en temps de guerre. — L'administration locale en temps de guerre. — L'Allemagne et le maintien de la vie économique pendant la guerre.

1 vol. in-16. . . . . . . . . . . . . . . . . . . . . . . . . . . . . . . . 3 fr. 50

**Qui est responsable.** *La Guerre Européenne, ses causes et ses sanctions*, par **CLOUDESLEY BRERETON**, traduit de l'anglais et avant-propos de M. **Emile LEGOUIS**, professeur à la Sorbonne. 1 brochure in-8 . . . . . . 1 fr. 25

**La Russie et la Guerre,** par **Arthur RAFFALOVICH**, correspondant de l'Institut. 1 broch. in-8. . . . . . . . . . . . . . . . . 0 fr. 60

**Des évaluations du coût de la guerre,** par **D'EICHTHAL**, membre de l'Institut. 1 broch. in-8. 0 fr. 60

*Pour paraître prochainement :*

**L'Empire germanique, sous la direction de Bismarck et de Guillaume II,** par J.-L. de Lanessan, 1 brochure in-8 . . . . . . . . . 1 fr. 25

**Les Usages de la Guerre et la doctrine de l'Etat-major allemand,** par **Ch. ANDLER**, professeur à la Sorbonne. 1 broch. in-8. . . . 1 fr. 25

**Les causes profondes de la Guerre** *(Allemagne, Angleterre)*, par **HOVELAQUE**, inspecteur général de l'Instruction publique. 1 broch. in-8 . . . . . . . . . . . . . . . . . . . . . . 1 fr. 25

**Le militarisme allemand.** *Ce qu'il est. Pourquoi il faut le détruire*, par **Hubert BOURGIN**, professeur agrégé au lycée Louis-le-Grand. 1 brochure in-16 . . . . . . . . . . . . . . . . . . . . . . . . 1 fr. 25

**La Guerre,** conférences faites à l'École Libre des Sciences Politiques, par M. Louis Renault, membre de l'Institut, Raphael-Georges Lévy, membre de l'Institut, Daniel Bellet, professeur à l'école, Emile Bourgeois, professeur à l'Université de Paris et le Général Malleterre, professeur à l'école. Un volume in-16 . . . . . . . . . . . . . . . . . . 3 fr. 50

**La Guerre Allemande : d'Agadir à Serajevo,** par Pierre Albin, 1 vol. in-16. . 3 fr. 50

Coulommiers. Imp. Paul BRODARD.

www.ingramcontent.com/pod-product-compliance
Lightning Source LLC
LaVergne TN
LVHW010249230826
846091LV00007B/2880